Anna Dederer

Einladungskarten für Feste

CREATIV COMPACT

CHRISTOPHORUS

Inhalt

Wir laden ein!

Eine liebevoll gestaltete Einladungskarte sagt dem Empfänger, dass man an ihn denkt und sich Zeit für ihn nimmt. Selbst gefertigte Karten sind deswegen immer etwas ganz Besonderes.
In diesem Buch möchte ich Ihnen viele verschiedene Ideen nicht nur für Einladungen, sondern auch für Tisch-, Menü- und Dankeskarten vorstellen.
Die Karten sind leicht nachzuarbeiten und wirken elegant und festlich. Die Farbvorschläge der Karten können Sie natürlich ganz nach Ihrem Geschmack und passend zu Ihrer Festdekoration abwandeln. Lassen Sie sich inspirieren und entwickeln Sie Ihre eigenen kreativen Ideen.
Ob Sie nun einen runden Geburtstag, ein maritimes Sommerfest oder ein stimmungsvolles Herbstfest feiern, hier werden Sie fündig.

Viel Freude beim Gestalten und ein gelungenes Fest wünscht Ihnen

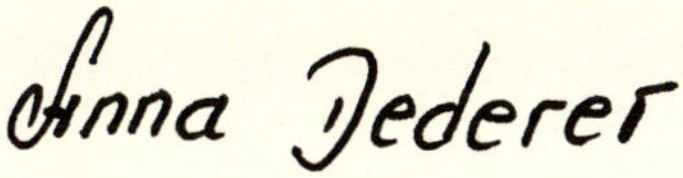

Material & Technik

Material

Alle Materialien sind im Bastel- oder Schreibwarenhandel erhältlich. Die meisten der abgebildeten Karten sind Doppelkarten in der Größe DIN B6 (12 x 17 cm). Abweichende Formate werden angegeben. Die Maße beziehen sich auf die gefaltete Größe.
Transparentpapiere und Alukarton verleihen den Karten eine elegante Note. Gestempelte Schriftzüge, die mit Embossingpulver eingebrannt werden, sehen besonders edel aus. Hierfür benötigen Sie Stempel, Stempelkissen und Embossingpulver.

Hilfsmittel & Klebstoffe

Für fast alle Arbeiten brauchen Sie einen Bleistift, ein Lineal, ein Falzbein, eine spitze Papierschere, Motivscheren, einen Cutter und eine Schneideunterlage. Zum Kleben von Fotokarton und Transparentpapier eignen sich Klebstoffe mit Lösungsmitteln, da sie das Papier nicht wellen. Transparentpapier mit einem Kleberoller oder Sprühkleber fixieren. Zum Befestigen von Deko-Materialien wie Draht oder Perlen ist Heißkleber zu empfehlen. Einen 3D-Effekt erzielen Sie mit doppelseitig klebendem Abstandsband.

Perlen rutschfest auffädeln

Eine Perle auf den Draht fädeln. An der gewünschten Stelle den Draht jeweils zweimal durch die Perlenöffnung führen, dann kann die Perle an dieser Stelle nicht mehr verrutschen.

Anfertigen von Schablonen

Das gewünschte Motiv mit Transparentpapier von der Vorlage abpausen, auf festen Karton kleben und ausschneiden. Die so erstellte Schablone auf das entsprechende Material legen, mit einem Bleistift umfahren und mit einer Schere ausschneiden.

Schriftzüge stempeln

1 Den Stempel mit dem transparenten Stempelkissen gleichmäßig befeuchten und auf die Karte oder das zugeschnittene Papier drücken.

2 Den noch feuchten Schriftzug großzügig mit Embossingpulver bestreuen.

3 Mit den Fingern auf die Rückseite des Papiers klopfen und somit überschüssiges Pulver lösen. Restliches Pulver wieder in die Dose überführen.

4 Die einpulverisierte Fläche über einem Toaster zum Schmelzen bringen. So entsteht eine reliefartige Oberfläche. Es ist auch möglich, das Pulver mit einem im Fachhandel erhältlichen Heißluftgerät einzubrennen.

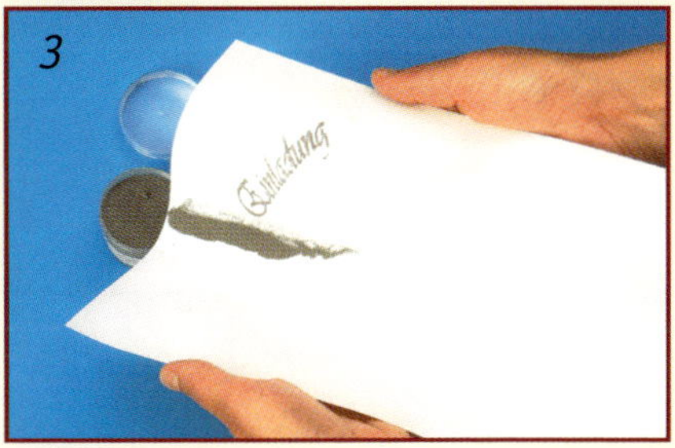

Schöne Margeriten

Material

Für alle Karten
- Fotokarton in Weiß, Hellgrün
- Alukarton in Silber
- Margeritenblüten aus Stoff
- Perlen, 4 mm Ø, in Silber
- Wachsperlen, 5 mm Ø, in Weiß, irisierend
- Silberdraht, 0,3 mm
- Hanf in Weiß
- Motivlocher „Blatt"
- Abstandsband

Transparente Karte
- Doppelkarte in Weiß
- Doppelkarte in Weiß, transparent
- Sizoflor in Hellgrün

Einladung
- Doppelkarte in Weiß, Hellgrün, 10,5 x 21 cm
- Stempelkissen, transparent
- Embossingpulver in Silber
- Stempel „Einladung"
- Motivschere

Gutschein
- Papier in Weiß mit Silberpunkten
- Motivlocher „kleine Herzen" oder
- Herzpailletten in Silber

Tischkarte
- Organzabeutel, 10 x 8 cm, in Hellgrün
- Eiswürfel, transparent
- Lackstift in Silber

Vorlagen A1 – A3

Transparente Karte

Quadrate aus Sizoflor (10 x 10 cm), Fotokarton (8 x 8 cm), Alukarton (7 x 7 cm) und Transparentpapier (6,6 x 6,6 cm) zuschneiden, versetzt auf die Karte kleben. Darauf die Zahl „25" aus Fotokarton mit Abstandsband fixieren. Mit einer Blüte, den auf Draht aufgereihten Perlen und Blättern ausgestalten.

Einladung

Die rechte obere Ecke der weißen Karte mit der Motivschere schräg bis zur Hälfte der rechten Kante abschneiden. Hellgrünen Fotokarton (11 x 2 cm) mit dem Schriftzug versehen. Mit Alukarton und Fotokarton in Weiß hinterkleben, mit Abstandsband auf der Karte anbringen. Die Blüte, Hanf, gestanzte Blätter und den Draht mit den aufgereihten Perlen mit Heißkleber fixieren.

Gutschein

Den Gutschein aus hellgrünem Fotokarton (Vorlage A1) herstellen und mit Alukarton (Vorlage A2) unterkleben. Den Schriftzug auf der Karte anbringen. Aus der Vorlage A3 einen Riegel falten, sodass an einem Ende eine Lasche entsteht. Das andere Ende mittig auf die hintere Innenseite des Gutscheines kleben, mit einem Einleger (11,5 x 16 cm) aus Papier fixieren. Die Lasche durch den Schlitz der Karte führen. Für den Verschluss Fotokarton (10 x 0,8 cm) am oberen Ende mit der Blüte, ausgestanzten Blättern und den auf Draht aufgefädelten Perlen verzieren und durch die Lasche führen.

25
EINLADUNG
Anna
Gutschein

Runde Geburtstage

Material

Für alle Karten

- Alukarton in Silber
- Perlen, 3 mm Ø, in Silber
- Motivlocher „kleine Blume"
- Stempelkissen, transparent
- Embossingpulver in Silber
- Motivschere

Einladung „40"

- Doppelkarte in Lachs
- Papier in Weiß, DIN A4, irisierend
- Effektdraht in Silber
- Stempel „Einladung"
- Stempel „40"

Einladung „50"

- Doppelkarte, 10,5 x 21 cm, in Weiß, irisierend
- Papier in Lachs, DIN A4
- Stempel „50"

Dankeskarte

- Doppelkarte in Weiß, irisierend
- Papier in Lachs, DIN A4

Tischkarte

- Fotokarton in Lachs
- Gips
- Gießform „Herz"
- Acrylfarbe in Lachs
- Tischkartenhalter „Spirale"

Vorlagen B1 – B3

Einladung „40"

Mit einem Cutter aus der Karte ein Fenster (Vorlage B1) auslösen. Aus dem Alukarton einen passenden Rahmen gestalten und aufkleben. Das weiße Einlegeblatt mit der Motivschere gestalten. Schriftzüge stempeln und einbrennen. Gestanzte Blüten und Perlen auf den Draht ziehen und die Karte verzieren.

Einladung „50"

Wie bei der anderen Einladung ein Fenster in die Karte schneiden (Vorlage B2). Den Einleger in Lachs mit dem Schriftzug versehen. Die Karte mit einem Rahmen und zwei weiteren Streifen aus Alukarton, Perlen und Blüten gestalten.

Dankeskarte

Aus dem Alukarton und aus dem Papier in Lachs je ein geschwungenes Viereck (Vorlage B3) schneiden, bestempeln und auf der Karte fixieren. Mit Perlen, Blüten und Streifen aus Alukarton die Karte vervollständigen. Den Rand der Karte und das Einlegeblatt mit der Motivschere zurechtschneiden, beides ineinander legen.

Tischkarte

Mit der Gießform ein Gipsherz gießen, mittig ein 2 mm großes Loch bohren und mit Acrylfarbe bemalen. Die Tischkarte (Vorlage B3) ausschneiden, beschriften und in den Tischkartenhalter einstecken.

Jasmin
40
Einladung
DANKE
FÜR IHRE
AUFMERKSAMKEIT
50

Im Stil der 70er

Material

Für alle Karten

- Fotokarton in Orange, Dunkelblau
- Alukarton in Silber
- Transparentpapier in Orange, Blau, gestreift

Einladung in Blau

- Satinband, 6 mm, in Blau
- Stempel „Einladung zum Geburtstag"
- Stempelkissen, transparent
- Embossingpulver in Silber
- Motivlocher „Herz"

Einladung in Orange

- Wellpappe in Orange
- Silberdraht, 0,6 mm
- Sticker „Einladung"
- Abstandsband

Tischkarten

- Perlen, 5 mm Ø, in Weiß, Gelb, Orange, Hellblau, Dunkelblau, Hellgrün
- Kordel, 2 mm, in Gelb, Blau
- Motivlocher oder
- Streublümchen in Gelb
- Lackstift in Silber

Vorlage C

Für die **Einladung in Blau** aus dem Tonkarton eine Doppelkarte (15,5 x 15,5 cm) anfertigen. Alukarton (14,6 x 14,6 cm) und Transparentpapier (14 x 14 cm) zurechtschneiden und auf die Karte kleben. Fotokarton (5,8 x 4,2 cm) bestempeln und einbrennen, mit Alukarton (6,2 x 4,6 cm) hinterkleben und auf der Karte platzieren. Satinband durch die Blume (Vorlage C) führen, um die Karte legen und verknoten. Die Enden des Bandes je mit zwei Herzen aus Alukarton verzieren.

Für die **Einladung in Orange** aus Fotokarton eine Doppelkarte (15,5 x 15,5 cm) gestalten. Transparentpapier (12 x 13 cm) und Alukarton (13 x 14 cm) zurechtschneiden und aufeinander kleben. Silberdraht zu einem Halbkreis biegen und auf der Rückseite des Alukartons mit Abstandsband befestigen. Alles auf der Karte fixieren. Die Zahlen aus Wellpappe und Alukarton anfertigen und mit dem Sticker auf der Karte arrangieren.

Die **Tischkarten** (7,8 x 9,5 cm) aus Fotokarton herstellen. Gemäß der Abbildung Alukarton (6,7 x 8,8 cm) und Transparentpapier (8,3 x 6,3 cm) auf der Karte platzieren. Mit der Kordel, der ausgeschnittenen Blume oder kleinen Blüten und Perlen verzieren.

Tipp

Aus Wachsfolie in verschiedenen Blautönen und in Silber Kreise unterschiedlicher Größe, beispielsweise mit Plätzchenformen, stanzen. Die Kreise versetzt auf der Kerze andrücken.

Anna
Einladung zum Geburtstag
30
Einladung

Blüten in Blau

Material

Für alle Karten

- Fotokarton in Creme
- Struktur-Karton in Creme, DIN A4
- Papier in Royalblau, DIN A4
- Spiegelkarton in Silber
- Stempelkissen, transparent
- Embossingpulver in Silber
- Motivlocher „Blume"
- Abstandsband

Einladungskarten

- Stempel „Einladung"

Menükarte

- Chiffonband, 6 cm, in Blau
- Acrylperlen, 8 mm Ø, in Blau
- Silberdraht, 0,3 mm
- Stempel „Menü"

Tischkarte

- Lackstift in Silber

Vorlagen D1, D2

Die **Karte mit der großen Blüte** (Vorlage D1) aus Fotokarton anfertigen. Die Blüte passgenau aus Spiegelkarton und in Blau (Vorlage D2) zuschneiden, aufeinander kleben. Den Schriftzug auf Fotokarton (3 x 10 cm) anbringen, mit blauem Papier (4,5 x 11 cm) und Spiegelkarton (5 x 11,5 cm) hinterkleben. Mit Abstandsband auf der Karte befestigen. Ein Einlegeblatt (16 x 11,5 cm) in die Karte kleben.

Für die **längliche Karte** aus Struktur-Karton ein Rechteck (27,2 x 22 cm) zuschneiden. Den rechten Rand 10 cm, den linken Rand 6 cm einschlagen. Den linken Kartenrand mit Spiegelkarton (21 x 3 cm) überlappend hinterkleben. Ein Einlegeblatt in Blau (10 x 21 cm) in der Karte fixieren. Blumen aus blauem Papier und Struktur-Karton stanzen, aufeinander kleben und auf der Karte arrangieren. Den Schriftzug anbringen. Die Karte mit mit einem Locher gestanzten Punkten aus Spiegelkarton verzieren.

Für die **Menükarte** einen Bogen blaues Papier um 2 cm in der Breite kürzen, mit dem Schriftzug „Menü" versehen. Das Papier mit dem Struktur-Karton aufrollen und mit Chiffonband zusammenbinden. Mit auf Draht aufgereihten Perlen und Blüten verzieren.

Eine **Tischkarte** (8 x 8 cm) aus Struktur-Karton anfertigen. Den Rand mit einem Streifen aus Spiegelkarton (8 x 2 cm) hinterkleben. Blüten aus Spiegelkarton und blauem Papier versetzt aufeinander kleben und mit Abstandsband auf der Karte fixieren.

Maria
EINLADUNG

Rosenfest

Material

Für alle Karten
- Fotokarton in Rot
- Transparentpapier mit Rosenmotiv
- Alukarton in Silber
- Effektdraht in Silber
- Stempelkissen, transparent
- Embossingpulver in Silber
- Abstandsband

Einladung
- Wachsperlen, 6 mm Ø, in Weiß
- Wachsperlen, 4 mm Ø, in Silber
- Würfelperlen in Rot
- Stempel „Einladung"

Dankeskarte
- Wachsperlen, 4 mm Ø, in Silber
- Wachsperlen, 6 mm Ø, in Rot
- Stempel „Wir möchten Danke sagen."

Menükarte
- Tonpapier in Rot, DIN A4
- Röschen in Acryl
- Stempel „Menü"

Vorlagen E1, E2

Einladung und Dankeskarte

Einladung (Vorlage E1) und Dankeskarte (Vorlage E2) je aus dem roten Fotokarton und dem Transparentpapier schneiden, falzen und entsprechend aufeinander kleben. Den Schriftzug jeweils auf ein Stück roten Fotokarton stempeln und einbrennen. Mit Alukarton hinterkleben und mit dem Abstandsband auf den Karten fixieren. Perlen auf den Effektdraht aufziehen und auf den Karten arrangieren.

Menükarte

Einen Streifen Transparentpapier (18 x 28 cm) auf das rote Tonpapier legen und zu einer Röhre rollen. Mit dem Effektdraht zusammenbinden. Den Schriftzug auf ein Stück roten Fotokarton stempeln und einbrennen, mit Alukarton hinterkleben. Diesen und eine Rose mit Heißkleber auf dem Draht fixieren.

Wir möchten
Danke
sagen.
EINLADUNG
MENÜ

Material

Für alle Karten
- Fotokarton in Weiß, Hellgrün
- Spiegelkarton in Silber
- Transparentpapier in Weiß, Hellgrün
- Strasssteine in Silber, 4 mm, 6 mm
- Silberdraht, 0,6 mm
- Stempelkissen, transparent
- Embossingpulver in Silber, Hellgrün
- Motivlocher „Blüte" in zwei Größen

Menükarte
- Wachsperlen, 8 mm Ø, in Weiß, irisierend
- Stempel „Menü"

Dankeskarte
- Stempel „Danke für Ihre Aufmerksamkeit"

Einladung
- Doppelkarte in Hellgrün, 10,5 x 21 cm
- Fotokarton in Weiß
- Stempel „Einladung"

Tischkarte
- Wachsperlen, 6 mm Ø, in Weiß, irisierend
- Lackstift in Silber

Vorlage F

Frühlingsfarben

Die **Menükarte** (15 x 21 cm) je aus grünem und weißem Fotokarton herstellen. Die rechte obere Ecke der weißen Karte schräg abschneiden, sodass ein Rand von 8 cm erhalten bleibt. Mit dem Schriftzug in Hellgrün versehen und auf die grüne Karte kleben. Blüten aus Spiegelkarton und den Transparentpapieren stanzen, aufeinander kleben und je mit einem Strassstein versehen. Die Karte mit Draht, Blüten und Wachsperlen verzieren.

Die **Dankeskarte** (Vorlage F) aus dem grünen Fotokarton herstellen. Einen weißen Einleger (14,5 x 11,5 cm) in die Karte kleben. Auf weißem Fotokarton (5,5 x 4,7 cm) den Schriftzug anbringen, mit grünem Fotokarton (6,1 x 5,3 cm) und Spiegelkarton (6,7 x 5,9 cm) hinterkleben und mit Abstandsband auf der Karte platzieren. Mit einer Blüte verzieren.

Für die **Einladung** aus hellgrünem Tonkarton und weißem Transparentpapier jeweils eine Doppelkarte (10,5 x 21 cm) herstellen. Die grüne Karte mit dem Schriftzug versehen, den transparenten Einleger hineinlegen. Auf Spiegelkarton (6,2 x 20,2 cm) weißen Fotokarton (5,6 x 19,8 cm) kleben und auf der Karte platzieren. Die Karte mit Blüten und Draht verzieren.

Für die **Tischkarte** je ein Rechteck aus grünem (9,5 x 14 cm) und weißem Fotokarton (9,5 x 12 cm) zuschneiden. Die weiße Karte mittig falten, die grüne so um diese herum falten, dass ein weißer Rand sichtbar bleibt. Beide Teile aufeinander kleben. Mit Draht, Perlen und Blüten ausschmücken.

Menü
DANKE
FÜR IHRE
AUFMERKSAMKEIT
Einladung

Mohnblumen

Material

Für alle Karten

- Fotokarton in Creme
- Papier in Dunkelgrün
- Transparentpapier mit Mohnblumen
- Alukarton in Silber
- Stempelkissen, transparent

Einladung

- Doppelkarte, 15,5 x 15,5 cm, in Creme
- Stempel „Einladung"
- Embossingpulver, transparent

Dankeskarte

- Doppelkarte, 15 x 11 cm, in Creme
- Stempel „Wir möchten Danke sagen."
- Embossingpulver in Dunkelgrün

Schmale Karte

- Doppelkarte, 7,5 x 21 cm, in Creme
- Silberdraht, 0,3 mm
- Rocailles, 2 mm Ø, in Weiß, Rot
- Würfelperlen in Rot
- Stempel „Einladung"
- Embossingpulver in Silber
- Motivschere
- Abstandsband

Einladung

Den rechten Rand der Karte 4,5 cm einschlagen. Auf einem Einlegeblatt aus grünem Papier (14,5 x 14,5 cm) den Schriftzug anbringen, in die Karte kleben. Eine Mohnblume aus dem Transparentpapier schneiden, mit Fotokarton, Alukarton und grünem Papier hinterkleben und auf dem umgeschlagenen Kartenrand fixieren.

Dankeskarte

Den rechten Rand der Karte 4 cm einschlagen und mit dem Cutter eine kleine Lasche auf der Karte einritzen. Auf Fotokarton (5,5 x 5,5 cm) den Schriftzug anbringen. Mit Alukarton und grünem Papier hinterkleben und auf dem Kartenrand befestigen. Eine Mohnblume ausschneiden. Das Motiv mit Alukarton hinterkleben und mit einem etwa 2 mm breiten Rand wieder ausschneiden und in die Lasche stecken.

Schmale Karte

Die cremefarbige Karte mit Transparentpapier gleicher Größe bekleben. Grünes Papier (5 x 21 cm) mittig falten, den vorderen Rand mit einem Streifen aus Alukarton (2 x 21 cm) hinterkleben. Beides auf der Karte fixieren und mit auf Draht aufgezogenen Perlen umschlingen. Den Schriftzug auf grünem Papier anbringen (7 x 3 cm) und mit Papier in Creme und Alukarton hinterkleben. Mit Abstandsband schräg auf der Karte anbringen.

EINLADUNG
Wir möchten
Danke
sagen.
Einladung

Maritim

Material

- Fotokarton in Creme, Dunkelblau
- Transparentpapier in Dunkelblau
- Hologrammfolie in Silber
- Seesterne
- Muscheln
- Hanf in Weiß
- Sticker „Einladung“
- Motivschere

Vorlagen G1, G2

Eine **quadratische Karte** (14 x 14 cm) aus dem Fotokarton in Creme anfertigen. Ein Einlegeblatt (13,5 x 13,5 cm) aus Transparentpapier einkleben. Auf die Karte ein Quadrat (12,5 x 12,5 cm) aus Transparentpapier und eines aus hellem Fotokarton (11,5 x 11,5 cm) kleben. Vier Quadrate aus dem Transparentpapier (je zwei mit den Maßen 4 x 4 cm und 3,6 x 3,6 cm), aus der Hologrammfolie zwei große und aus dem hellen Fotokarton zwei kleine Quadrate schneiden. Diese der Abbildung entsprechend auf der Karte fixieren und mit Muscheln und Seesternen ergänzen.

Für die **Einladungskarte mit Fisch** aus dem Fotokarton ein Rechteck (28 x 16,5 cm) zuschneiden, vom linken Rand ausgehend nach 11 cm, 20 cm und 22,5 cm treppenartig falten. Ein Einlegeblatt aus Transparentpapier (10,5 x 16 cm) einkleben. Ein Rechteck aus Transparentpapier (9,5 x 13 cm) auf der Karte befestigen. Mit der Motivschere ein weiteres Rechteck aus Hologrammfolie (8,5 x 12 cm) nachschneiden und auf der Karte fixieren. Fisch (Vorlage G1), Hanf und Seestern mit Heißkleber auf der Karte anbringen.

Für den **Serviettenhalter** aus hellem Fotokarton und Transparentpapier nach der Vorlage G2 je einen Fisch ausschneiden, aufeinander kleben und mit dem Cutter eine Lasche für die Serviette einschneiden.

Einladung

Herbstfest

Material

Für alle Karten

- Fotokarton in Braun
- Papier in Creme, irisierend
- Papier in Hellbraun
- Stempelkissen, transparent
- Stempel „Einladung"
- Embossingpulver in Kupfer
- Motivlocher „Herbstblatt"
- Abstandsband

Quadratische Karte

- Fotokarton in Hellorange, Dunkelbraun
- Kupferdraht, 0,8 mm
- Perlen, 5 mm Ø, in Orange

Helle Karte

- Doppelkarte in Creme, irisierend
- Doppelkarte in Orange
- Silberdraht, 0,6 mm
- Rocailles, 2 mm Ø, in Orange

Schmale Karte

- Fotokarton in Hellorange
- Silberdraht, 0,6 mm
- Rocailles, 2 mm Ø, in Orange

Eine **quadratische Karte** (15,5 x 15,5 cm) aus Fotokarton in Orange anfertigen. Den rechten Rand der Karte 6,5 cm einschlagen. Ein Einlegeblatt in Creme (14 x 14 cm) mit dem Schriftzug versehen, in der Karte fixieren. Einen Streifen braunen Fotokarton (5,9 x 15 cm) mit Papier in Creme (5,4 x 14,5 cm) bekleben. Auf den Kupferdraht Perlen aufreihen, zu einem Bogen formen. Darauf gestanzte Blätter in Brauntönen mit Heißkleber befestigen. Die beiden Enden der Girlande hinter dem Fotokarton mit Klebstoff fixieren, mit Abstandsband auf der Karte anbringen.

Die **helle Karte** am rechten Rand 3 cm einschlagen und den Schriftzug anbringen. Die Einlegekarte in Orange mit der Motivschere zuschneiden und einkleben. Je zwei gestanzte Blätter gegeneinander auf den Draht kleben, dazwischen Perlen aufreihen. Die Girlande mit Abstandsband auf der Karte fixieren.

Gestanzte Blätter und Perlen auf Silberdraht aufreihen und um die **schmale Karte** (7,5 x 21 cm) wickeln. Schriftzug auf dem hellen Papier (2 x 10 cm) anbringen, mit Fotokarton in Orange und Braun hinterkleben, anschließend mit Abstandsband auf der Karte befestigen. Ein helles Einlegeblatt in der Karte fixieren.

EINLADUNG
EINLADUNG
EINLADUNG

Sonnenblumen

Material

Für alle Karten

- Fotokarton in Gelb, Orange
- Sonnenblumen aus Stoff
- Herbstlaub
- Hanf in Grün
- Bast in Orange
- Stempelkissen, transparent
- Motivschere

Menükarte

- Stempel „Menü"
- Embossingpulver in Dunkelgrün

Einladung

- Doppelkarte in Gelb, Orange
- Stempel „Einladung"
- Embossingpulver in Dunkelgrün

Schmale Karte

- Perlen in Orangetönen
- Silberdraht, 0,3 mm
- Stempel „Einladung"
- Embossingpulver in Gelb

Tischkarte

- Sisaltüte, 15 cm, im Orange
- Sonnenblumenpick
- Hanf in Gelb
- Kordel in Gelb

Vorlage H

Für die **Menükarte** je eine Doppelkarte (15 x 21 cm) in Gelb und in Orange anfertigen. Die Karten ineinander legen. Die obere Außenkante der gelben sowie beide Kanten der orangefarbenen Einlegekarte wellenartig nach der Vorlage H oder mit einer Motivschere zurechtschneiden, sodass die orange Karte etwa 2 mm unter der gelben herausschaut. Den Schriftzug auf gelbem Fotokarton (6,5 x 8 cm) anbringen, mit Fotokarton in Orange hinterkleben. Sonnenblume, Hanf, Bast und Laub mit Heißkleber auf der Karte fixieren.

Für die **Einladung** die Ränder der beiden Karten zurechtschneiden wie bei der Menükarte beschrieben. Die Karte mit dem Schriftzug versehen, mit Sonnenblume, Bast, Hanf und Laub ausschmücken.

Zwei Doppelkarten (7,5 x 21 cm) für die **schmale Karte** in Gelb und Orange herstellen und ineinander legen. Die obere Außenkante der gelben Karte wellenartig schneiden, sodass etwa die Hälfte der orangefarbigen Karte sichtbar wird. Die Karte mit dem Schriftzug versehen. Die Perlen auf Draht aufreihen und zusammen mit dem Hanf und der Sonnenblume auf der Karte mit Heißkleber befestigen.

Für die **Tischkarte** etwas Hanf und Sonnenblumenpick in die Sisaltüte stecken. Zwei Rechtecke (5 x 2,5 cm) in Gelb und Orange zurechtschneiden, lochen, beschriften und mit Kordel befestigen.

Menü
Einladung
Nelly

Rosenrot

Material

Für alle Karten

- Fotokarton in Creme
- Transparentpapier in Weiß, irisierend
- Briefpapier, DIN A4, mit Rosenmotiv
- Abstandsband

Einladung

- Transparentfolie, 0,3 mm
- Holzherzchen in Silber
- Motivlocher „Herz“ oder
- Herzpailletten

Menükarte

- Papier in Creme, DIN A4, irisierend
- Doppelherzen in Silber
- Stempelkissen, transparent
- Embossingpulver in Silber
- Stempel „Menü“

Tischkarte

- Papier in Weiß
- Doppelherzen in Silber
- Lackstift in Silber

Einladungskarte

Zwei Doppelkarten (15 x 15 cm) aus Fotokarton und Transparentpapier anfertigen. Je ein Quadrat (8 x 8 cm) mittig aus der Vorderseite ausschneiden. Transparentfolie (10 x 10 cm) von innen über die Öffnung kleben. Rund um den Ausschnitt Abstandsband anbringen. Silberherzen in das so entstandene Fenster hineingeben und mit einer auf weißen Karton (14 x 14 cm) aufgeklebten Rose verschließen.

Menükarte

Das Papier zu einer Doppelkarte DIN A5 falten. Ein Rosenmotiv ausschneiden, dabei einen weißen Rand von 0,2 mm stehen lassen. Auf Alukarton aufkleben und wieder mit einem Rand von 0,2 mm ausschneiden. Mit Abstandsband auf ein Rechteck aus weißem Papier (12,5 x 11,5 cm) kleben und auf Alukarton (11 x 12 cm) platzieren. Die Karte mit dem Schriftzug versehen, das Rosenmotiv auf der Karte fixieren.

Tischkarte

Die Tischkarte wie das Motiv auf der Menükarte gestalten. Den Namen auf einen Streifen weißes Papier schreiben, mit Alukarton hinterkleben und auf der Tischkarte platzieren.

Anabell
Menü

Material

Für alle Karten

- Papier in Weiß
- Wachsperlen, 4 mm Ø, in Silber
- Wachsperlen, 6 mm Ø, in Weiß
- Efeublätter
- Paillettenblätter in Silber
- Röschen in Weiß, transparent
- Silberblätter
- Silberdraht, 0,3 mm
- Stempelkissen, transparent

Große Karte

- Doppelkarte in Altsilber, 10,5 x 21 cm
- Transparentpapier mit Herzmotiv in Weiß
- Alukarton in Silber
- Stempel „Einladung zur Silberhochzeit"
- Embossingpulver in Silber

Schmale Karte

- Fotokarton in Silber
- Transparentpapier in Weiß
- Zahl „25" in Silber
- Kordel in Silber
- Stempel „Einladung"
- Embossingpulver in Weiß

Tischkarte

- Tonpapier in Silber
- Organzabeutel, 10 x 8 cm, in Weiß
- Eiswürfel, transparent
- Lackstift in Silber

Silberhochzeit

Große Karte

Einen Streifen Transparentpapier mit Herzen (7 x 21 cm) auf die Karte kleben. Schriftzug auf weißem Papier (6 x 7 cm) anbringen, mit Alukarton hinterkleben und auf der Karte fixieren. Perlen und Paillettenblätter auf den Draht aufreihen und unter den Efeublättern mit Heißkleber auf die Karte kleben. Ein Röschen mit zwei Blättern mittig platzieren.

Schmale Karte

Je eine Doppelkarte (7,5 x 21 cm) aus Silberkarton und Transparentpapier herstellen. Die Silberkarte mit dem Schriftzug versehen, die Zahlen darunter kleben. Aus dem Transparentpapier mit dem Cutter ein Fenster (2,5 x 13 cm) schneiden. Beide Karten ineinander legen. Perlen und Paillettenblätter auf den Silberdraht aufreihen und unter den Efeublättern mit Heißkleber fixieren. Die Karte mit Silberkordel umschlingen.

Tischkarte

Den Namen auf weißes Papier (11 x 3 cm) schreiben, mit Tonpapier hinterkleben. Eiswürfel in das Säckchen füllen, Rosen und Blätter mit Heißkleber befestigen.

Einladung zur silbernen Hochzeit
EINLADUNG
25
René

Goldene Hochzeit

Material

Karte mit Glitter

- Papier in Creme, DIN A4, irisierend
- Alukarton in Gold
- Pailletten „50“ in Gold
- Eheringe in Gold
- Sticker „Einladung“
- Glitter in Gold
- Kordel in Gold

Karte mit Blümchen

- Doppelkarte in Creme, irisierend
- Tonpapier in Altgold
- Transparentpapier mit Schriftzug in Beige
- Eheringe in Gold
- Blumenperlen in Gold
- Wachsperlen in Silber
- Stempelkissen, transparent
- Stempel „Einladung zur goldenen Hochzeit“
- Embossingpulver in Gold
- Motivschere

Vorlage J

Karte mit Glitter

Die Karte nach der Vorlage aus dem irisierenden Papier herstellen und mit Alukarton hinterkleben. Die obere Seite der Karte mit Sprühkleber leicht ansprühen und mit Glitter bestreuen. Die Zahlen und den Sticker auf der Karte fixieren. Die Goldkordel um die Karte legen, zusammenbinden und an die Enden Ringe knoten.

Karte mit Blümchen

Die Außenkante der Karte um 4 cm mit der Motivschere kürzen, mit Tonpapier (8 x 17 cm) überlappend hinterlegen. Das Einlegeblatt aus Transparentpapier in der Karte fixieren. Den Schriftzug auf dem cremefarbenen Papier (5 x 6 cm) anbringen. Mit Papier in Altgold (6 x 7 cm) versetzt hinterkleben. Die Karte mit Blumen, Wachsperlen und zwei Ringen verzieren.

Einladung
Einladung zur goldenen Hochzeit

Impressum

ISBN-13: 978-3-419-56675-6
ISBN-10: 3-419-56675-1

2. Auflage 2006

Lektorat:
Anja Huss, Freiburg

Styling und Fotos:
Roland Krieg, Waldkirch

Covergestaltung und Layoutentwurf:
Network!, München

Gesamtproduktion:
smp, Freiburg

Satz:
Bianca Feder

Druck:
Freiburger Graphische Betriebe

Verlag Herder GmbH
Christophorus-Verlag
Hermann-Herder-Str. 4
79104 Freiburg

Tel.: 0761/2717-0
Fax: 0761/2717-352

E-Mail:
info@christophorus-verlag.de

www.christophorus-verlag.de

Profi-Tipps der Autorin

- Für die **Tischdekoration** können Sie leicht attraktive Serviettenringe aus Papier herstellen. Schneiden Sie dazu einen entsprechenden Streifen zu und gestalten Sie ihn mit einer Drahtgirlande (siehe Abbildung auf Seite 17) oder anderem Deko-Material passend aus. Hier bieten sich zum Beispiel für die Feier einer goldenen Hochzeit Papier und Ringe in Gold an (siehe Abbildung auf Seite 31).
- Schreiben Sie den Namen eines Gastes auf einen Papierstreifen, füllen Sie Organzabeutel (10 x 8 cm) mit Acryl-Eiswürfeln oder dragierten Mandeln und stecken Sie die Namenskarte hinein. So erhalten Sie wunderschöne **Tischkarten**!

Weitere Bücher von Anna Dederer

ISBN-13: 978-3-419-56531-5
ISBN-10: 3-419-56531-3

ISBN-13: 978-3-419-56647-3
ISBN-10: 3-419-56647-6

ISBN-13: 978-3-419-56508-
ISBN-10: 3-419-56508-9

Kreativ-Service

Sie haben Fragen zu den Büchern und Materialien? Frau Erika Noll ist fü Sie da und berät Sie rund um die Themen Basteln und kreatives Hobby Rufen Sie an! Wir interessieren uns auch für Ihre eigenen Ideen un Anregungen. Schreiben Sie an Frau Noll oder direkt an den Verlag, wir höre gern von Ihnen! Per E-Mail: **mail@kreativ-service.info** oder Tel. **+49 (0) 7150/302777** | Mo. – Do.: 9.00 – 16.00 Uhr / Fr.: 9.00 – 13.00 Uh